Raconte-moi...

Noël

Texte de Fabrice Lelarge
Illustrations de Anne-Marie Frisque

Hemma

Un loup presque sage

Ti Loup entra dans la tanière, l'air préoccupé.
– Ma? C'est qui, le Cerf Noël?
Ma Louve savait bien qu'un jour son fils poserait
cette question, et elle savait aussi
que la réponse ne lui ferait pas plaisir.

-Le Cerf Noël vit dans les bois du Grand Nord. Il surveille les bébés animaux des forêts du monde entier, et, s'ils sont bien sages toute l'année, il apporte à chacun un cadeau dans la nuit du 24 au 25 décembre.
Ti Loup secoua la tête.
-Et moi, pourquoi je n'ai pas eu de cadeau, cette année? Ti Lièvre a eu des carottes, Ti Marcassin a eu des truffes, Ti Poulain a eu de l'avoine; il n'y a que moi qui n'ai rien eu du tout!

Ma Louve serra tendrement son fils entre ses pattes.
–C'est comme ça, mon enfant ! Les loups ne sont pas sages.
Pour se nourrir, ils tuent les poules, les lapins, les renards.
Dans les bois, ils hurlent chaque nuit pour effrayer les humains.
De mémoire de loup, aucun louveteau n'a jamais reçu le moindre cadeau du Cerf Noël.

-Si j'étais sage, l'an prochain, tu crois que le Cerf Noël
m'offrirait une bonne poule grassouillette ?
-Hé, hé ! sourit Ma Louve, pourquoi pas ? Mais pour cela,
il faudrait que tu sois très, très sage. Je suis curieuse de voir ça...
Ti Loup fronça les sourcils.
-C'est décidé, dit-il d'un air déterminé, à partir d'aujourd'hui,
je suis le plus sage de tous les loups de la horde !
Ainsi, je serai le premier louveteau à recevoir
un cadeau du Cerf Noël !

Dès lors, Ti Loup fit bien attention à son comportement.
En janvier, février et mars, il ne cassa que la moitié des œufs de Mère Poule, ne réveilla qu'une quinzaine de fois Père Hibou en plein jour, et ne chassa que six brebis, pour le plaisir, mais sans leur mordiller les pattes comme à son habitude.

–N'oublions pas de rester sage, se répétait-il sans cesse, et le Cerf Noël sera content!

En avril, mai et juin, il ne dévasta que deux des trois nouveaux terriers de la famille Lapin, ne mangea que cinq fois le repas du chien qui gardait la bergerie, et ne déterra qu'une centaine de tulipes rouges de la fermière.

Il prit bien garde de ne pas toucher aux rosiers et aux crocus, auxquels elle tenait beaucoup.

– Soyons sage, soyons sage, se disait-il chaque jour, sinon le Cerf Noël ne passera pas !

En juillet, août et septembre, il n'attaqua qu'une dizaine de vaches, pour s'amuser, ne mordit le derrière que de deux cochons un peu gras, et ne chassa les écureuils qu'une fois par semaine, sans jamais leur faire de mal.
–Restons sage, marmonnait-il, tandis qu'il courait après les petits rongeurs, et le Cerf Noël me récompensera grassement !

En octobre et novembre, il ne pénétra qu'à trois reprises dans le poulailler de la ferme pour défier le coq, et ne dévora qu'une vingtaine de saucissons conservés dans la cave du fermier.
–Plus sage que moi, affirmait-il à tout le monde, ça n'existe pas!
Le Cerf Noël doit être heureux!

En décembre, enfin, le moment tant attendu arriva.
Ti Loup se saisit d'un crayon et d'une feuille, et commença à écrire.

«Cher Cerf Noël,
J'ai été un louveteau très sage toute l'année, comme vous l'avez sûrement remarqué.
Pour Noël, je voudrais, s'il vous plaît, une belle poule bien grassouillette. Merci beaucoup.

Signé : Ti Loup.»

Les jours qui précédèrent Noël furent les plus longs de sa jeune vie. Sous l'œil amusé de Ma Louve et des autres membres de la horde, il installa un sapin touffu près de l'âtre et confectionna une trentaine de guirlandes dorées avec des feuilles séchées, qu'il disposa un peu partout dans la tanière.

Le 24 décembre au soir, Ti Loup demanda :
- Ma ? Tu crois que le Cerf Noël va passer ?
- Je n'en sais rien, répondit doucement Ma Louve en lui caressant la tête, mais une chose est sûre : aucun petit loup n'a jamais fait autant d'efforts pour lui faire plaisir. Le Cerf Noël s'en est certainement rendu compte.
- J'ai été sage, hein ?
Ma Louve sourit tendrement.
- Disons que tu as été presque sage, oui. Allons, dors bien, maintenant ! Bonne nuit, Ti Loup presque sage.
- Bonne nuit, Ma.

Ti Loup sombra vite dans un sommeil empli d'un rêve doré, où il faisait un festin de roi en compagnie du Cerf Noël, qui lui cuisinait poule grassouillette sur poule grassouillette.

–Le Cerf Noël est passé! Le Cerf Noël est passé!
Ti Loup réveilla toute la horde en courant de chambre en chambre à travers la tanière.
Le soleil à peine levé, il s'était précipité vers le sapin, au pied duquel se trouvait un joli paquet adressé à Ti Loup en lettres d'or.
–Le Cerf Noël! Le Cerf Noël!
Les loups de la horde s'approchèrent lentement de l'arbre de Noël.

-Qu'attends-tu, Ti Loup? demanda Ma Louve. Ouvre-le vite!
Ti Loup se saisit du cadeau et l'ouvrit soigneusement.
-J'ai demandé une poule bien grassouillette!
Il ouvrit délicatement la boîte qu'entourait le papier rouge, et en sortit une belle grosse poule... en chocolat!
Ti Loup fronça les sourcils.
-Le Cerf Noël s'est trompé, s'étonna-t-il. C'est une vraie poule que je voulais!

Ma Louve pouffa.
–Non, mon fils, dit-elle gentiment. Le Cerf Noël ne s'est pas trompé. J'ai compris!
–Quoi?
Ma Louve ne cachait pas son amusement.
–Cette année, tu as été *presque* sage, alors le Cerf Noël t'offre *presque* une vraie poule bien grassouillette!
Tous les loups de la horde éclatèrent de rire, et Ti Loup en fit autant, de bon cœur. Après tout, n'était-il pas le premier des loups à mériter un cadeau du Cerf Noël?

Un thé de Noël

Ingrédients : 1 litre de thé vert très fort, 6 citrons, 3 oranges, 1 litre d'eau, 10 à 15 cuillerées de sucre roux en poudre.

- Prépare le thé vert et laisse-le refroidir.

- Épluche les oranges et les citrons, puis découpe-les en très fines tranches.
- Dans un grand saladier, mélange tous les ingrédients

- Mets la préparation au moins deux heures au réfrigérateur.
- Avant de servir, réchauffe le mélange en le portant à ébullition.

- Sers le thé de Noël très chaud, accompagné de biscuits sablés. Un délice !

Le bonhomme de neige

–Tu as la carotte et la pipe? demanda le père.
–Oui, répondit l'enfant. Et les boutons noirs pour les yeux.
Le bonhomme de neige était presque fini.
Une grosse boule pour le corps, une autre plus petite pour la tête, le chapeau élimé du grand-père, le vieux balai du grenier, une carotte, une pipe, deux boutons, et hop! le plus beau bonhomme du quartier ornerait le jardin jusqu'à la fin de l'hiver.

– Un bouton, deux boutons, et voilà! sourit le père.
– Il est génial! s'extasia l'enfant.
Tu crois qu'il va fondre au printemps?
– Malheureusement, oui.
Ils se reculèrent pour contempler leur ouvrage.
– À table, les hommes! cria la mère par la fenêtre.
Le père et l'enfant s'éloignèrent
en se lançant des boules de neige.

« Fondre ? » se dit le bonhomme de neige.
« Je vais fondre au printemps ? »
Il tourna légèrement la tête pour mieux voir les paysages enneigés.
« C'est impossible. Toute cette neige ne peut tout de même pas fondre, il y en a tellement ! »
Du coin de l'œil, le bonhomme de neige vit un lapin qui traversait prestement l'allée de la maison.

– Hé! appela-t-il. Lapin! J'ai une question à te poser!
Le lapin s'arrêta net. Il fixa le bonhomme de neige de son œil rond et noir, le museau frémissant.
– Une question? répéta-t-il. Je t'écoute.
Le bonhomme de neige gratta nerveusement la carotte qui lui servait de nez.
– J'ai entendu dire que la neige fondra au printemps. C'est vrai?

Le lapin rit.
–Ça alors! Un bonhomme de neige qui ne sait pas que la neige fond!
–Mais pourquoi?
–C'est simple, répondit le lapin. Avec les beaux jours, le soleil devient plus chaud, la température monte, et la neige fond.
–C'est terrible!
–Bah! ne t'en fais pas, dit le lapin. Tu as quatre mois devant toi!
Il s'éloigna en sautillant et disparut dans une haie gelée.

Le bonhomme de neige secoua tristement la tête.
–C'est trop injuste.
–Ne sois pas triste, dit un moineau gris tendre, en se posant sur son nez. Tu sais, il existe un pays où les neiges ne fondent pas.
Le bonhomme de neige ouvrit grand ses yeux boutons.
–Que dis-tu?

Le moineau gris tendre sautilla sur le bout du nez.
-Ce pays s'appelle le pôle Nord. Je ne sais pas trop où c'est.
Demande aux oies sauvages. Elles, elles savent.
-Mais je ne peux pas bouger d'ici! Le père et l'enfant
s'en apercevraient, ils trouveraient ça étrange,
ils me chercheraient!
-Ne t'inquiète pas, je m'occupe de tout, pépia le moineau.
Il s'envola haut dans le ciel et disparut.

L'oie sauvage se posa dans le jardin deux jours plus tard.
– C'est vous, le tas de neige qui parle ?
Le bonhomme de neige la salua en soulevant son vieux chapeau.
– Merci d'être venue, dit-il.
– Qu'est-ce que vous voulez savoir ?
– J'aimerais que vous me disiez où se trouve le pôle Nord.
– Le pôle Nord ? Pas compliqué, vous allez tout droit par là, et c'est à 7000 kilomètres.

Le bonhomme de neige ajusta sa pipe pour cacher sa gêne.
-Est-ce que vous savez comment je pourrais m'y rendre?
Le volatile eut un geste moqueur.
-De toute évidence, vous ne pouvez pas y aller en volant!
Vous n'avez qu'à utiliser des skis. Des skis pour un tas de neige, ça devrait faire l'affaire!
Elle rit.

-Mais vous, vous ne pourriez pas m'emmener?
L'oie sauvage manqua de s'étouffer.
-Vous emmener? Comment? Sur mon dos, peut-être! Vous savez quel temps il fait, au pôle Nord? Un froid de canard! Vous êtes fou!
Elle s'envola en pestant.

Le cœur floconneux du pauvre bonhomme de neige
se serra très fort. Des larmes épaisses coulèrent
lentement de ses yeux boutons et gelèrent sur ses joues.

L'enfant jouait dans le jardin depuis quelques minutes quand il vint vers le bonhomme de neige. Il l'observa en fronçant les sourcils.
– Tu as l'air vraiment triste. On dirait même que tu as pleuré.
Le bonhomme de neige hésita, puis il décida de répondre au petit garçon.
– Tu ne te trompes pas. J'ai pleuré.
– Pourquoi ?
– Je vais fondre au printemps, si je n'arrive pas à rejoindre le pôle Nord.

–Ça te rend malheureux de savoir que tu vas fondre?
Le bonhomme de neige hocha la tête.
–Bon! alors ne te fais plus de souci. J'ai un bon ami qui habite au pôle Nord. Il va passer par ici dans la nuit du 24 au 25 décembre. Je dois lui écrire ces jours-ci. Je lui demanderai de te prendre dans son traîneau en passant, voilà tout.
–Il voudra bien?
–Il est très gentil, sourit l'enfant. Très, très gentil. Il ne refuse jamais un cadeau à un enfant sage, et je suis un enfant très sage…

Le 25 décembre, le père entra dans la maison, l'air préoccupé.
–Le bonhomme de neige, dans le jardin... Il a disparu !
–Je sais, sourit l'enfant, je sais...

Le Noël d'Adélaïde

Adélaïde boudait dans son coin. Elle n'était pas contente. Adélaïde est une petite taupe. Elle vit donc sous la terre. Elle ne met que rarement le nez dehors. Elle sait que Noël approche, et, comme chaque année, elle rêve d'avoir un beau sapin dans sa maison.

Comme chaque année, sa maman lui a expliqué que c'était impossible. On ne peut pas faire entrer un sapin dans les galeries creusées par les taupes. Un sapin pousse sur la terre. Seules les racines sont sous la terre. Maman Taupe a bien ramené quelques branches de sapin pour décorer la taupinière, mais Adélaïde n'a pas aimé. Elle veut un vrai sapin pour y suspendre des boules, y mettre des guirlandes.

Adélaïde part se promener. Elle rencontre son copain Joe l'écureuil, en train de chercher à manger dans les arbres. Il a beaucoup neigé et ce n'est pas facile pour Joe de se nourrir.

– Bonjour ! lui dit Adélaïde. Tu en as de la chance de pouvoir fêter Noël dans un sapin.

– Bonjour, Adélaïde ! dit Joe. Tu sais, je n'aime pas trop les sapins. Je ne peux pas y trouver à manger et il n'est pas facile d'y grimper.

-Mais, enfin, dit Adélaïde, un sapin, c'est magnifique pour Noël!
Moi, j'en voudrais un pour le décorer.
-Ah! oui, dit Joe, c'est une drôle d'idée. Je n'y avais pas pensé.
Moi, pour Noël, je préfère être au chaud, chez moi,
avec ma famille, à grignoter des noisettes.
Nous nous racontons des histoires,
nous rions ensemble.

Adélaïde rentra chez elle, songeuse.
Après tout, un sapin, est-ce si important? se demandait-elle.
Elle arriva dans le salon, le traversa et entra dans sa chambre.

Pendant ce temps, Maman Taupe avait trouvé une idée.
Elle avait dégagé de la terre les racines du sapin
qui se trouvait au-dessus de la salle à manger.
Elle les avait décorées de guirlandes et de boules. Le résultat était très beau. On avait l'impression que le sapin était suspendu au plafond.
Il y avait tant de décorations que l'on ne voyait plus les branches.
Maman Taupe appela Adélaïde :
– Adélaïde, viens voir, s'il te plaît.
Adélaïde entra dans la pièce et s'arrêta sur le seuil.
– Oh ! maman, que c'est joli ! dit-elle.
Comment as-tu fait pour apporter ce sapin ?
– C'est un secret, dit Maman Taupe.

Adélaïde se jeta dans les bras de sa maman et l'embrassa.
– Merci, maman, lui dit-elle, tu es merveilleuse. Mais tu sais, j'avais décidé de ne plus réclamer de sapin. Après tout, l'essentiel pour Noël, c'est d'être entouré de sa famille et de ses amis. Et tu avais raison, des branches de sapin, c'est très joli aussi.
Mais je suis vraiment contente de ce que tu as fait pour me faire plaisir. Joyeux Noël, maman chérie !

Le petit bouleau et le grand sapin

-Que tu es beau! dit le petit bouleau au grand sapin touffu. Que tu es majestueux! Comme j'aimerais te ressembler! Tu gardes tes épines du printemps à l'hiver, tandis que moi, à peine l'automne arrivé, mes feuilles jaunissent et tombent une à une...

Le sapin ne répondit rien. Le roi des arbres de la forêt ne s'abaisse pas à parler aux petits arbrisseaux maigres et nus.

–Et puis, continuait le petit bouleau, c'est le mois de décembre, la neige te rend plus magnifique encore! Les enfants vont bientôt venir te décorer, tu seras le roi des rois de ce bois pendant encore tout un mois!
Le grand sapin tourna ses branches d'un air méprisant. «*Le roi des rois?* pensait-il. *Point besoin de guirlandes ni de boules colorées pour cela, je le suis pendant toute l'année, le roi des rois!*»
–Ah! soupira le petit bouleau, comme j'aimerais être à ta place...

Les paroles s'envolent, dit-on souvent. Celles du petit bouleau s'envolèrent donc, portées et emportées par le vent jusqu'aux portes des terriers et des tanières des animaux de la forêt.

-Petit bouleau est malheureux, entendait-on ici.

-Lui aussi voudrait être de la fête! disait-on là.

-Pourquoi Noël serait-il réservé aux seuls sapins?

-Des boules et des guirlandes iraient fort bien à un bouleau tendre...

Puis les paroles disparurent dans les airs, laissant au cœur des animaux l'impression joyeuse que ce Noël-ci ne serait pas tout à fait comme les autres.

Le soir de Noël, tous les animaux se réunirent, les pattes chargées de décorations, de présents et de victuailles. Guidés par le vent, ils trouvèrent vite le petit bouleau au cœur de la grande forêt. Ils le décorèrent du tronc à la cime, guirlandes argent et or, boules rouge feu, lumières douces et joyeuses... Ils le couvrirent de rires, de tendresse et de cadeaux, et ce fut sans nul doute le plus beau Noël jamais vécu par un petit bouleau.
Quant au sapin, le roi des rois, ce soir-là, il se fit... tout petit!

Le régime

-Père Noël, vous êtes trop gros! annonça Gimmir, le lutin médecin. Le père Noël, sur la balance, regardait fixement l'aiguille bloquée sur 176 kilos.

-J'ai toujours fait ce poids-là, protesta-t-il faiblement. Même bébé, je pesais déjà 176 kilos. C'est un poids familial, qui se transmet de père en fils...

-Ne dites pas de sottises! se fâcha Gimmir. Vous allez faire un régime
Un régime strict. Sport et nourriture saine auront raison de ce surpoids.
-Un... un régime? s'alarma le père Noël. Un régime? Mon Dieu! Et... ça commence quand?
-Immédiatement!

Dès lors, le père Noël se mit à suivre scrupuleusement la cure d'amaigrissement concoctée par Gimmir.

Petit déjeuner : une demi-biscotte, un grand verre d'eau.
Déjeuner : trois haricots verts, une queue de poisson bouillie, un grand verre d'eau. En dessert : la moitié d'un trognon de pomme.
Goûter : un grand verre d'eau.
Dîner : six petits pois, une tête de poisson crue, un grand verre d'eau.
En dessert : l'autre moitié du trognon de pomme du déjeuner.

Le traitement s'accompagnait d'exercices physiques sévèrement contrôlés par le lutin médecin. Musculation le matin, avec un lutin très fort. Judo le midi, avec un lutin japonais. Basket-ball l'après-midi, avec un lutin très grand. Randonnée en raquettes dans la neige du pôle Nord, le soir, avec un lutin esquimau.
Gimmir, intraitable, ne permettait aucun écart au père Noël, aucune sieste, aucune pause dans la journée, et surtout aucune nourriture supplémentaire, excepté le dimanche. Ce jour-là, c'était fête.

Petit déjeuner : une biscotte entière trempée dans un verre de lait froid.
Déjeuner : quatre haricots verts, une aile de poulet déplumée et bouillie, un grand verre d'eau. En dessert: un trognon de pomme entier.
Goûter : un grand verre de lait froid.
Dîner : douze petits pois, l'autre aile de poulet bouillie, un grand verre d'eau. En dessert : la peau d'une demi-pomme.

En trois semaines, le père Noël
avait perdu 102 kilos. Plus de panse bedonnante.
Plus de bonnes grosses joues roses.
Son habit rouge, devenu trop grand, avait vite été remplacé
par un habit vert foncé, emprunté à un lutin de belle taille.
Sa barbe blanche, enfin, pendouillait misérablement
sur son ventre plat.

–Ne faites pas cette tête-là, père Noël, gronda Gimmir. Vous êtes superbe! Allez donc faire un tour en traîneau, pour vous changer les idées. Le grand air vous fera du bien, vous verrez!

–Si tu le dis...

Aidé par le lutin médecin, le père Noël attela donc les rennes, s'assit dans son traîneau et fit jouer les longes. Mais les rennes ne bougèrent pas.

–Nous n'obéissons qu'au père Noël, dirent-ils.

–Mais *c'est* le père Noël ! s'exclama Gimmir, abasourdi.
–Oui, confirma le père Noël, je suis moi.
Les rennes gloussèrent dédaigneusement.
–Le patron pèse 176 kilos et il est habillé d'un beau manteau rouge.
Ce bonhomme vert tout maigre ne lui ressemble pas du tout !
Gimmir eut beau se fâcher, hurler, supplier :
les rennes n'avancèrent pas plus d'un mètre.
–Si vous voulez qu'on décolle le 24 décembre, il faudra que
le patron, ses 176 kilos, son habit rouge et son ventre rebondi
soient dans ce traîneau. Sinon, pas question de bouger d'ici !

Une course contre la montre s'engagea : le père Noël
devait reprendre ses 102 kilos perdus en sept jours !
Il engloutit une dizaine de choux à la crème couverts de chantilly, soixante-six boîtes de bonbons, cent cinquante-cinq litres de glace au caramel, cent quarante-huit gâteaux au chocolat, de la choucroute, des frites et des moules farcies, des saucissons, des fromages de brebis, de chèvre et de vache…
Il but des litres de grenadine, mangea des montagnes de spaghettis, des tonnes de pizzas, des océans de purée, des milliers de bananes trempées dans du miel (un délice, essayez !), des piles entières de sablés à l'anis, des kilomètres de chipolatas et de merguez…
Bien vite, il retrouva son bel habit rouge, sa panse ronde, ses joues pleines, sa barbe floconneuse et sa joie de vivre.
Jusqu'au 24 décembre, il avala viandes en sauces, pâtes, patates et desserts glacés du petit matin à la nuit noire…

La nuit de Noël, juste avant de partir sur son traîneau chargé de cadeaux, tiré par les rennes qui l'avaient bien reconnu, cette fois, le père Noël fit signe à Gimmir de s'approcher.
–Je me suis pesé avant de me préparer, annonça-t-il, 181 kilos!
Gimmir sursauta.
–Père Noël, vous êtes trop gros!
Le père Noël éclata de rire.
–Ce n'est rien, je ferai un régime en rentrant! Yep, Yep! on y va, les amis!
Gimmir regarda l'attelage s'élever dans le ciel, en se demandant si le père Noël venait de se moquer de lui.
Moi, je connais la réponse... Et vous?

Les bonbons d'or

Ingrédients : deux cuillères à soupe de miel mille fleurs, deux cuillères à soupe de sucre roux, une tasse et demie de graines de sésame.

Ustensiles : une cuillère en bois, un couteau, une poêle, une plaque en métal.

1. Fais blondir les graines de sésame à feu doux dans une poêle (sans huile ni beurre).

2. Ajoute le miel et le sucre roux.

3. Mélange bien avec la cuillère en bois, sans t'arrêter, pendant une dizaine de minutes, toujours à feu très doux.

4. Verse le mélange bien liquide sur la plaque de métal, en faisant attention à ne pas te brûler.

5. Étale-le soigneusement.

6. Quand la pâte est froide, coupe-la en petits carrés (tu peux aussi la casser doucement avec la cuillère en bois, en petits éclats, c'est tout aussi délicieux).

Régale-toi !

Le nouvel an des chasseurs

Cette année-là, les chasseurs du village acceptèrent enfin ce que leur demandaient les enfants depuis des mois.

Le 31 décembre, jour du grand marché de la nouvelle année, ils se rassemblèrent sur la grande place de l'église et déposèrent leurs fusils sur un grand tas de bois.

Ils annoncèrent aux enfants:
-Prévenez vos amis les animaux que ce soir, à minuit, nous allumerons un grand feu ici, un feu de bois et de fusils, un feu de joie, un feu de paix.

Ce fut d'abord l'étonnement parmi les enfants, mais bien vite ils comprirent que la chasse vivait ici sa dernière heure. Ils tressèrent des colliers de gui et les passèrent au cou des chasseurs émus. La joie des villageois se lisait dans les yeux des enfants qui brillaient comme des soleils.

Puis les mères autorisèrent leurs filles
et leurs fils à aller en forêt pour annoncer la grande nouvelle aux animaux. Une longue procession d'enfants, petits devant et grands derrière, avança au rythme des rires dans le grand bois.

-Les chasseurs ne chasseront plus!

-Les fusils seront détruits!

-Vous êtes tous invités!

De l’oiseau au loup, du chevreuil au cerf, du sanglier au renard, tous entendirent ce curieux appel.

-Plus de fusils? disait un ours. Les hommes auraient-ils enfin compris?

Les voix bruissantes de la forêt réveillèrent un hibou.

-Plus de fusils? C’est sûrement un rêve!

Une famille de grives descendit de son nid pour aller à la rencontre des enfants.
–Nous vous croyons, dirent-elles. Montrez-nous le chemin.
Bientôt, d'autres petits animaux les rejoignirent - écureuils et poules d'eau, ragondins et hérissons; puis des plus gros, renards et faons, loups et sangliers, ours et cerfs - tous se rassemblèrent et suivirent les garçons et les filles vers le village.

Ils y furent accueillis à bras ouverts ; on les guida vers les étals du marché, où les villageois leur offraient nourriture et boissons en souriant ou en chantant. Une grande femme emmitouflée offrit un sac de glands à une famille de sangliers. Un fermier apiculteur donna un seau de son meilleur miel à trois ours rigolards.

Ce n'étaient que cadeaux et offrandes à travers le village : du grain pour les loirs et les musaraignes, des noisettes pour les écureuils, de la paille fraîche pour les chevreuils…

Puis le miracle eut lieu; on vit des biches plaisanter avec des chasseurs, des renards jouer avec les poules de la fermière, et des loups faire la course avec les chiens du berger.

Près d'un poêle où l'on cuisait des châtaignes, des oiseaux apprenaient à siffler à des petites filles, avec une patience infinie.

Les garçons, quant à eux, écoutaient une vieille chouette hulotte raconter l'histoire de la grande forêt et de ses habitants, les moments de bonheur et les moments de tristesse.

À minuit, enfin, quand retentirent les douze derniers coups de l'année, les chasseurs allumèrent sans regret le feu de l'amitié nouvelle qui venait de naître.
Les fusils brûlèrent dans les flammes, et on lut enfin le soulagement dans les yeux des animaux. Ils s'avancèrent près du feu et se tinrent par les pattes, bercés par la douce chaleur du brasier où leur pire ennemi disparaissait.

Les enfants étaient émus,
car ils savaient que, désormais,
animaux et hommes vivraient
en harmonie, sans jamais plus
se chercher querelle…

Le mobile de Noël

Matériel : du papier journal, un feutre noir indélébile, des ciseaux, une agrafeuse, un élastique, de la peinture.

1. Prends une feuille double de papier journal. Dessine dessus une tête de père Noël bien grosse avec le feutre.

2. Découpe la tête ainsi obtenue dans les deux épaisseurs. Tu obtiens deux têtes de père Noël.

3. Agrafe les deux têtes ensemble, en veillant bien à laisser un espace non agrafé.

4. Emplis la tête avec des petites boules de papier journal, et agrafe l'espace qui restait.

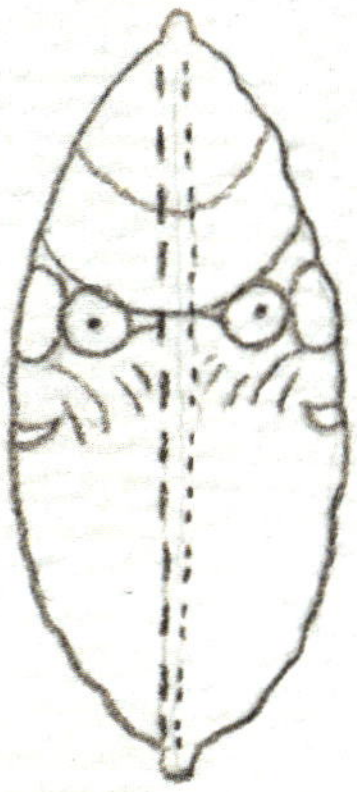

5. Peins la tête du père Noël à ta convenance, des deux côtés.

6. Avec le feutre, détoure tous les traits du père Noël (la barbe, le chapeau, les yeux, le nez, etc.).

7. Coupe l'élastique et agrafe-le sur le chapeau du père Noël. Fixe le mobile au plafond.

8. Tu peux faire un tas de mobiles sur le même principe : sapin, bonhomme de neige, lutin… À toi de choisir !

Père Noël des Bois

–Papa, demanda Mélanie juste avant d'éteindre la lumière,
le père Noël, il est plus gentil que toi ?
–Le père Noël ? Euh... De nos jours, oui, c'est possible, mais
autrefois, certainement pas !
Mélanie fronça les sourcils.
–Que veux-tu dire ?

– Autrefois, le père Noël était un bandit de grand chemin!
La petite fille ouvrit de grands yeux horrifiés.
– Un bandit?
– Un bandit! répéta le papa. Laisse-moi te révéler
ce qu'on ne raconte jamais sur ce drôle de bonhomme:

«Le père Noël et ses lutins n'ont pas toujours vécu au pôle Nord! Les lutins vivaient dans les bois; c'est là qu'il les a rencontrés pour la première fois, il y a environ quatre cents ans. Les lutins erraient çà et là, sans but. Le père Noël les prit sous sa protection, devint leur chef et leur apprit à détrousser les gens riches qui s'aventuraient sur ses terres.»

Mélanie secoua la tête.

–C'est impossible!

–C'est comme je te le dis, assura le papa. Mais ce n'est pas fini : « Le père Noël camouflait son grand manteau rouge sous d'épais feuillages. Il grimpait aux arbres avec l'agilité des grands acrobates. Nul ne l'entendait se déplacer, il était discret comme le vent et souple comme une panthère. Du haut des cimes, il surveillait toutes les routes menant à la forêt de Nordwood, et malheur à celui qui voulait la traverser sans son autorisation ! »

–Papa, tu te moques de moi !

–Pas du tout !

«Le père Noël et sa troupe de lutins dévoraient du sanglier, des poules faisanes et même du loup, qu'ils faisaient griller au feu de bois. Ils mangeaient à même le sol, avec les doigts, sans serviettes autour du cou. Un spectacle dégoûtant, tu imagines!»

–Es-tu sûr que tu n'inventes pas tout ça?

–Absolument! Et encore, je n'ai pas tout dit!

«Le père Noël apprenait aux lutins à tirer à l'arc. Lui-même était un archer émérite, sans doute le meilleur du pays! Son passe-temps favori était de viser une boule de Noël posée sur la tête des riches marchands qui avaient eu le malheur de tomber entre ses griffes. Il décochait flèche sur flèche, jusqu'à ce que la boule de Noël soit transpercée de part en part.»

–Allons, papa, tu dis des bêtises!

–C'est la vérité, Mélanie, la pure vérité!

«Quand un carrosse franchissait la lisière de la forêt, le père Noël, debout sur deux rennes, fonçait à travers bois et lui barrait le passage en hurlant «Ho ho hoooo!». Les lutins se chargeaient de délester les occupants du carrosse de leurs joyaux et de leurs pièces d'or. Si un riche marchand refusait de se soumettre, le père Noël le transformait en lapin de Noël!»

– Tu veux dire: «En SAPIN de Noël», intervint Mélanie.

– Non! En LAPIN de Noël, avec des guirlandes et des boules!

– N'importe quoi...! gloussa la petite fille.

« Enfin, après quelques rapines de ce genre, le père Noël emportait son butin au village, changeait les joyaux en or, et l'or en matériaux divers : du bois, des étoffes, des boutons, avec lesquels il fabriquait des jouets pour les enfants pauvres du pays. »

– Il y avait beaucoup d'enfants pauvres ?

– Beaucoup, répondit le papa. Mais tu vois que ce père Noël n'est en fait qu'un vulgaire bandit qui ressemble à...

– À Robin des Bois ? sourit la petite fille.

Le papa rit de bon cœur.

– Tu as raison, petite maligne,
j'ai un peu raconté « père Noël des Bois ».
– Tu sais, papa, s'exclama Mélanie en riant à son tour,
je ne sais pas si le Père Noël est plus gentil que toi ou pas,
mais je suis sûre d'une chose :
tu es beaucoup plus FOU que lui !

Le chat de la maison

Le chat de la maison aime bien Noël.
Oh! bien sûr, le père Noël ne lui amène rien,
Noël est une fête pour les enfants sages, pas pour les félins.
Mais à Noël, par exemple, il y a de la neige dans le jardin.
Le chat de la maison aime sortir par la chatière, au petit matin, pour courir dans la poudreuse récemment tombée. Les arbres nus semblent plus accueillants sous ce manteau blanc,
et c'est un grand plaisir que d'y grimper.
Oui, le chat de la maison aime bien Noël.

Les enfants aussi sont différents. Ils sont joyeux, ils sont en vacances, ils le câlinent du matin au soir, lui racontent ce qu'ils ont commandé au père Noël, jouent à cache-cache avec lui... Plus question de lui tirer la queue ou de mettre de la moutarde dans son lait! Oh! ça oui, le chat de la maison aime bien Noël!

Et puis, il a un grand secret qui le met en joie
pour le restant de l'année. Le 24 décembre,
lorsque toute la maisonnée dort à poings fermés, il assiste
au spectacle le plus extraordinaire qui soit :
il voit le père Noël descendre par la cheminée
et déposer les cadeaux au pied du sapin !
Chaque fois, il a droit à une petite caresse sur le museau,
qu'il récompense par des ronronnements reconnaissants.
Oui, le chat de la maison aime bien Noël.

Le lendemain, pendant que les enfants déballent leurs jouets, les yeux émerveillés, le chat de la maison se roule dans les papiers cadeaux déchirés et joue avec les rubans brillants.

Une fois dans leurs chambres, les enfants lui donnent
leurs vieilles peluches usées pour faire de la place
à leurs nouveaux jouets. Le chat de la maison adore les peluches,
il leur saute dessus, les mordille ou les griffe
comme s'il s'agissait de souris.
Oui, le chat de la maison aime vraiment Noël.

Enfin, quand le froid s'installe un peu durement au-dehors, le père allume un grand feu de bois dans la cheminée. Le chat s'assied alors sur un coussin moelleux, près de l'âtre, et laisse la douce chaleur l'engourdir. Oui, le chat de la maison adore Noël!

Le pain perdu

Voici une recette célèbre et simple, qui te permettra de ne pas gâcher le pain qui n'aura pas été mangé lors des repas festifs de Noël...

Ingrédients : pain dur, 1 litre de lait, 2 œufs, du beurre pour la cuisson et du sucre en poudre ou de la confiture pour la dégustation.

- Découpe le pain dur en tranches minces.
- Dans un plat, mélange le lait et les deux œufs.
- Trempe les tranches de pain dans le plat, de chaque côté, de manière à ce qu'elles soient bien imbibées.
- Fais cuire les tranches ainsi préparées des deux côtés dans une poêle beurrée.
- Sers les tranches bien dorées dans des assiettes, accompagnées de sucre en poudre ou de confiture, et régale-toi !

Habille-toi chaudement

Cela faisait peut-être une heure que Baptiste jouait dans la neige du jardin, quand un écureuil coiffé d'un chapeau pointu vint déposer une enveloppe à ses pieds.

– Baptiste? demanda l'animal.

– C'est moi, répondit l'enfant.

L'écureuil s'inclina.
– Alors, cette lettre est pour toi.
Baptiste ramassa l'enveloppe dans la neige.
Là où aurait dû se trouver le timbre, il n'y avait qu'un sceau formé de quatre lettres entrelacées, «P.N, P.N.».
Juste dessous, était inscrit simplement: «Baptiste».
– Qui me l'envoie? demanda-t-il à l'écureuil.
– Lis! répondit l'écureuil, avant de s'éloigner en sautillant.

Baptiste ouvrit l'enveloppe et lut la lettre qui lui était adressée :

« Baptiste,
Ce soir, habille-toi chaudement. Je passe te voir.
Signé : Père Noël, Pôle Nord ».

Il relut la lettre trois fois sans parvenir à en comprendre le sens.
Ce soir, c'était le 24 décembre. Il lui paraissait évident que le père Noël passerait le voir, comme il passerait voir tous les enfants sages du monde, cette nuit-là !
Il haussa les épaules, fourra la lettre dans sa poche et n'y pensa plus.

Baptiste dormait profondément quand l'écureuil
au chapeau pointu le réveilla.
– Allons, debout, réveille-toi donc, nous t'attendons!
Baptiste s'assit dans son lit, les yeux emplis de sommeil.
– C'est déjà le matin?
– Non, non, voyons! s'énerva le rongeur.
Viens vite à la fenêtre, nous partons!

L'enfant s'avança en titubant vers la fenêtre.
– Qu'est-ce que c'est que ce pyjama ? pesta l'écureuil. Nous t'avions dit de t'habiller chaudement ! Heureusement que le père Noël a pensé à tout ! Enfile ça !
Il lui tendit un pantalon rouge, une veste rouge fourrée de duvet blanc, des bottes rouges et un bonnet rouge à pompon blanc.
Sans protester, Baptiste les enfila, puis se pencha à la fenêtre.
Il mit quelques secondes à comprendre le spectacle qui s'offrait à lui.

Un traîneau tiré par des rennes blancs aux bois d'or flottait à sa hauteur. Sur le siège en cuir rouge, à l'avant du traîneau, se tenait le père Noël. Barbe blanche, habit rouge comme de la lave brûlante, bonnet à pompon, et sourire amusé qui illuminait tout son visage.

– Père… Père Noël ?

– Allons, Baptiste ! monte donc, je ne veux pas que cette nuit dure trop longtemps, cette année.

L'enfant enjamba la fenêtre comme dans un rêve,
toujours accompagné de l'écureuil au chapeau pointu.
Ensemble, ils s'assirent à côté du père Noël,
tandis que les rennes commençaient leur voyage
à travers le ciel.

-Nous avons beaucoup de travail, cette nuit, annonça le père Noël.
-Nous avons...? s'étonna Baptiste.
-Oui, mon enfant. Tu as été le plus sage de tous les enfants sages, cette année, et ce voyage est ta récompense. Personne ne s'apercevra de ton départ. Le temps s'écoule différemment pour le père Noël, c'est ce qui me permet de distribuer tous ces cadeaux en une seule nuit. La nuit du 24 décembre peut durer mille heures, si je le souhaite. En fait, elle ne s'achève que lorsque j'ai déposé le dernier cadeau au pied du dernier sapin...
Baptiste n'en croyait pas ses oreilles.

–Père Noël, je ne sais comment te dire merci,
c'est un cadeau si merveilleux!
–Et tu n'as encore rien vu! s'exclama l'écureuil au chapeau pointu.
Ouvre bien tes yeux et regarde!

Baptiste ouvrit grands ses yeux et regarda…
L'écureuil avait cent fois raison. Ce qu'il vit cette nuit-là
dépassa de loin tous ses rêves de petit garçon.

Il vit les habitats des enfants du monde entier, de la case de bambous au gratte-ciel, de la hutte en terre cuite à la maison de verre, du château le plus ancien au pavillon le plus moderne. Il apprit que les enfants du monde ne connaissaient pas tous la neige et le froid de l'hiver, que les Noël, des pays chauds étaient riches de couleurs, de senteurs et de fruits exotiques, et que ceux des hautes montagnes étaient emplis de sculptures de glace, de feux immenses et de solides repas.

Il comprit que Noël ne portait pas partout le même nom, Christmas pour les uns, Kerstmis, Weihnacht ou Natale pour les autres, que les sapins ne trônaient pas toujours dans la maison à côté de la cheminée, et que, d'ailleurs, il n'y avait pas toujours de cheminée auprès de laquelle installer un sapin...

Il vit les étoiles dans le ciel, au-dessus des nuages,
il frôla le pôle Nord et ses lutins, le pôle Sud et ses pingouins,
il vit l'Est où le soleil tentait en vain de se lever,
et l'Ouest où il n'en finissait pas de se coucher.
Il vit tant et tant qu'il s'endormit en serrant tendrement
l'écureuil au chapeau pointu dans ses bras.

–Baptiste, chuchota maman. Le père Noël est passé.
Il ouvrit lentement les yeux. Il se trouvait dans sa chambre, en pyjama, un bonnet rouge à pompon blanc posé à côté de lui.
–Oh oui, pensa-t-il en souriant, le père Noël est passé!
Il s'approcha de la fenêtre. Le traîneau n'y était plus mais, en bas, dans le jardin, un drôle d'écureuil coiffé d'un chapeau pointu lui fit un signe de la patte avant de disparaître dans les buissons...

Tu découvriras dans ce livre :